나에게 문병 가다

나에게 문병 가다

조기조 엮음

도서출판 b

• 시집을 엮으며

    이 시집은 〈장애인신문〉에 최근 1년 동안 매주 한편씩 연재된 시들을 엮은 것이다. 처음 신문사에서 '좋은 시'를 한편씩 소개하자는 제의가 있었는데 나는 신문의 특성상 장애를 비롯한 아픈 몸을 가지고 살아가는 사람들의 삶을 그린 시들을 실어보자고 역제안을 했고 신문사에서 수락하여 이루어진 작업이었다.

    아픈 몸을 다룬 시들을 찾아 읽는 내내 과연 '좋은 시'란 어떤 시일까 하고 되물었다. 그런데 그 해답을 찾기는 쉽지 않았지만 흔히 일간지류에 실리는 '좋은 시'를 찾는 작업에 비하면 아픈 몸을 다룬 시를 고르는 작업이 훨씬 더 지난한 일일 것이라는 생각을 갖게 되었다. 한국시에서 의외로 아픈 몸을 다룬 시는 많지 않았다. 또 신문 지면관계상 비교적 긴 시는 고려의 대상이 되지 못한 점이 있다. 대략 이러한 난점을 안고 엮인 이 시집에서 그래도 어떤 한계가 있다면 그것은 나의 안목과 과문의 탓일 것이다.

    그리고 나는 시를 한편씩 골라 싣고 짤막하게

감상을 덧붙였다. 독자 대상을 고려하여 상호주관적 공감을 형성해보자는 데 의미를 두고 망설임 없는 즉흥적 감상을 시도했다.

  시를 연재한 순서는 임의였다. 그리고 시집을 엮으면서 편의상 부를 나누어 재구성하였는데 제1부는 타인의 아픈 몸을 다룬 시, 제2부는 화자 자신의 아픈 몸을 다룬 시, 제3부는 노동 과정에서 병을 얻었거나 아픈 몸을 이끌고 노동을 하는 삶을 다룬 시로 구분하였다.

  이 작업을 하는 과정에서 어떤 수확이 있다면 내가 적어도 하나의 편견으로부터 벗어날 수 있게 되었다는 것이다. 예컨대 인간이 신체적 고통을 안고 살아간다는 것처럼 비참한 일은 없을 것이라는 편견 말이다. 신체의 고통이 비참한 것이 되는 순간은 그것이 곧잘 가난과 소외와 냉대로 이어질 때이다. 나 또한 가벼운 장애를 갖고 있는데 그것으로 인해 나에 대한 타인들의 어떤 생각들이 재생산되는 것을 종종 보아왔던 터이다.

그러나 여기 실린 시들을 골라 읽으면서 팔이 없는 식사나, 눈이 없는 독서, 귀가 없는 대화, 다리가 없는 여행 등등이 참으로 비참할 것이라고 여겼던 생각들을 말끔히 씻을 수 있게 되었다. 그렇게 된 것은 아마도 생명이 갖는 가장 숭엄하며 고귀한 힘의 영향일 것이다. 그 힘은 높은 산정에서 모진 바람에 비틀린 채 한쪽 방향으로만 가지를 뻗은 나무를 키우는 그런 힘과 같은 것이라고 생각된다.

여기 실린 시들이 지금 몸이 아파 고통스러운 처지에 놓인 사람들에게 작으나마 어떤 위안을 가져다 줄 것이라고 믿는다. 그리고 그것은 값싼 연민이나 동정의 시선으로는 결코 미치지 못하는 순결한 사랑의 힘을 담고 있다고 믿는다. 따라서 애초에 생각했던 '좋은 시'란 바로 이와 같이 힘이 필요한 곳을 향해 위문이 되는 시를 일컫는 것이라고 감히 말해도 좋을 것이다.

다른 한편으로는 여기 실린 시들은, 온전하다고 생각하며 건강하게 살아가는 사람들에게, 예전에는 병신, 불구자 등등으로 업신여김을 당했던 장애인들로부터, 노인들로부터, 선천적으로 아픈 몸을 가지고 태어나 살아가는 사람들로부터, 진지하고도 의지에 찬 삶의 자세가 어떤 것인지도 배울 수 있는 기회를 제공할 것이라고 자부한다.

2009년 봄
엮은이

차례

제1부

다리 저는 사람 • 김기택	14
장편 2 • 김종삼	16
온천지 • 오장환	18
문둥이 • 서정주	20
폐병장이 내 사내 • 허수경	22
장마 • 최두석	24
누에 • 나희덕	26
신체장애자들이여 • 천상병	28
맹인 • 신경림	30
높은 나무 흰 꽃들은 등을 세우고 16 • 이성복	32
소경 • 유승도	34
강 • 이정록	36
국립서울맹학교 • 정호승	38
치매 • 정세기	40
감기 • 고형렬	42
의족 • 유홍준	44
꼽추 박양 • 이상호	46
이것이 날개다 • 문인수	48
백년 • 문태준	50
모닥불 • 백　석	52
면례 • 이상국	54

제2부

화가 뭉크와 함께 • 이승하   58
병원 • 윤동주   60
병 • 이용악   62
계룡산 학봉리에 김열 산다 • 박진성   64
흉터 • 도종환   66
내 복통에 문병 가다 • 장철문   68
전라도길 • 한하운   70
아프니까 편하다 • 윤재철   72
지팡이 • 정진규   74
가을 어머니 • 김해화   76
병상에서 • 정희성   78
몸살 • 조용미   80
초겨울 • 김지하   82
병원에서 • 차창룡   84
몸이 많이 아픈 밤 • 함민복   86

제3부

성자처럼 • 이시영	90
애꾸 양반 • 고　은	92
간경화꽃 • 이재무	94
밥 푸는 여자 • 이면우	96
발 • 임성용	98
여자 6 • 권혁소	100
산그늘 • 하종오	102
삭풍 • 고재종	104
덕평장 • 김사인	106
상처를 위하여 • 최종천	108
검은 물 • 이병률	110
외계 • 김경주	112
손 무덤 • 박노해	114
풀의 기술 • 조기조	116

시집을 엮으며	5
수록 시인 약력과 작품 출전	120
엮은이 소개	126

제1부

다리 저는 사람
장편 2
온천지
문둥이
폐병장이 내 사내
장마
누에
신체장애자들이여
맹인
높은 나무 흰 꽃들은 등을 세우고 16
소경
강
국립서울맹학교
치매
감기
의족
꼽추 박양
이것이 날개다
백년
모닥불
면례

다리 저는 사람

김기택

꼿꼿하게 걷는 수많은 사람들 사이에서
그는 춤추는 사람처럼 보였다.
한걸음 옮길 때마다
그는 앉았다 일어서듯 다리를 구부렸고
그때마다 윗몸은 반쯤 쓰러졌다 일어났다.
그 요란하고 기이한 걸음을
지하철 역사가 적막해지도록 조용하게 걸었다.
어깨에 매달린 가방도
함께 소리 죽여 힘차게 흔들렸다.
못 걷는 다리 하나를 위하여
온몸이 다리가 되어 흔들어주고 있었다.
사람들은 모두 기둥이 되어 우람하게 서 있는데
그 빽빽한 기둥 사이를
그만 홀로 팔랑팔랑 지나가고 있었다.

● ●

마치 나비 한 마리가 웅장한 궁전의 긴 회랑을 가볍게 팔랑팔랑 날아서 모든 사물이 일시에 정지해버린 듯한 진경을 보여주고 있습니다. 몸의 중심은 아픈 곳입니다. 한 부분만 아파도 온몸이 신음을 합니다. 그렇기 때문에 "못 걷는 다리 하나를 위하여 온몸이 다리가 되"는 것입니다. 의상조사의 법성게에 一中一切多中一일중일체다중일(하나 속에 전체가 있고 전체 속에 하나가 있으며) 一卽一切多卽一일즉일체다즉일(하나가 곧 전체이고 전체가 곧 하나)이라는 구절이 딱 들어맞습니다. 세상의 중심도 당연히 아픈 곳이어야 합니다.

掌篇장편 2

김종삼

조선총독부가 있을 때
청계川邊천변 一0錢십전 均一床균일상 밥집 문턱엔
거지소녀가 거지장님 어버이를
이끌고 와 서 있었다
주인 영감이 소리를 질렀으나
태연하였다

어린 소녀는 어버이의 생일이라고
一0錢십전짜리 두 개를 보였다.

• •

짧지만 긴 이야기가 있는 시입니다. 거지소녀와 어버이와 주인 영감 등 네 사람이 밥집 문 앞에서 슬픈 풍경을 만듭니다. 어버이 생일에 자신이 가지고 있는 전 재산을 털어 밥 두 상을 마련합니다. 누군가에게 선의를 베풀 때 그로 인해 자신이 위기 상황에 처할 것을 뻔히 알면서도 그렇게 하는 것은 기쁨보다는 슬픔을 자아내게 하는 아름다움이 됩니다. 결코 도달하기 쉬운 아름다움의 경지가 아닙니다. 그런데 이 상황에서는 얼마나 다행입니까? 어버이가 장님이기에 자신의 생일에 어린 자식이 굶는 것을 보지 못하니까요.

溫泉地 온천지

오장환

  온천지에는 하로에도 몇 차례 은빛 자동차가 드나들었다. 늙은이나 어린애나 점잖은 신사는, 꽃 같은 계집을 음식처럼 싣고 물탕을 온다. 젊은 계집들이 물탕에서 개고리처럼 떠 보이는 것은 가장 좋다고 늙은 상인들은 저녁상머리에서 떠들어댄다. 옴쟁이 땀쟁이 가진 각색 더러운 피부병자가 모여든다고 신사들은 두덜거리며 가족탕을 선약하였다.

• •

사람이 사람을 차별하는 것은 어제 오늘의 일이 아닙니다. 차이가 차별을 낳습니다. 이 차별을 없애기 위해서 차이를 인정하고 배려해야 한다고 말합니다. 좋습니다. 저는 병든 몸이고 당신은 건강한 몸이니 당신이 알아서 하십시오. 이것이 차이를 인정하는 것입니다. 그리고 건강한 몸은 병든 몸을 위하여 지하철역에 승강기를 놓아줍니다. 이것이 배려입니다. 그런데 약자의 당연한 권리가 강자의 배려를 통해서만 실현된다면 그야말로 배려는 강자만이 베풀 수 있는 특권입니다. 그렇다면 차이는 인정해야 할 것이 아니라 사라져야 할 것인지도 모릅니다.

문둥이

서정주

해와 하늘 빛이
문둥이는 서러워

보리밭에 달 뜨면
애기 하나 먹고

꽃처럼 붉은 울음을 밤새 우렀다

. .

어려서 이맘때쯤 보리밭에 꿩알이라도 주우러 갈라치면 어른들로부터 문둥이가 간을 빼먹는다는 이야기를 듣곤 했습니다. 눈썹이 없고 손가락과 발가락과 코가 다 문드러졌다는 문둥이. 그 문둥이를 만나러 소록도에 갔던 때는 어른이 된 후였습니다. 그곳을 다녀온 후로 제 마음 속 보리밭에 문둥이 하나가 들어와 살기 시작했습니다. 그 보리밭에 휘영청 달이 뜨면 길고 긴 문둥이울음을 문둥이는 울었습니다. 그러면 어쩌겠습니까. 제가 낳은 애기 하나를 슬그머니 보리밭에 가져다 놓고 저도 긴 밤을 하염없이 지새곤 하였습니다.

폐병장이 내 사내

허수경

   그 사내 내가 스물 갓 넘어 만났던 사내 몰골만 겨우 사람꼴 갖춰 밤 어두운 길에서 만났더라면 지레 도망질이라도 쳤을 터이지만 눈매만은 미친 듯 타오르는 유월 숲 속 같아 내라도 턱하니 피기침 늑막에 차오르는 물 거두어 주고 싶었네
   산가시내 되어 독오른 뱀을 잡고
   백정집 칼잽이 되어 개를 잡고
   청솔가지 분질러 진국으로만 고아다가 후 후 불며 먹이고 싶었네 저 미친 듯 타오르는 눈빛을 재워 선한 물같이 맛깔 데인 잎차같이 눕히고 싶었네 끝내 일어서게 하고 싶었네
   그 사내 내가 스물 갓 넘어 만났던 사내
   내 할미 어미가 대처에서 돌아온 지친 남정들 머리맡 지킬 때 허벅살 선지피라도 다투어 먹인 것처럼
   어디 내 사내뿐이랴

• •

갓 스물이 되어 결핵을 앓고 있을 때, 그리고 이제 사십 대 중반을 지나며 경미하나마 장애를 안고 살아 갈 때, 생각했나니, 어디 이런 여자 없을까. 까치독사 껍데기를 훌떡 벗겨내고, 누런 황개를 잡아 오장육부를 들어내고 푹푹 고아가며 '내가 이놈을 어떻게든 살려내마' 하는 여자 어디 없을까. '어떻게든 내가 병을 이기리라' 하며 미친 듯 타오르는 유월 숲 속 같은 눈빛을 가진 사내를 읽어낼 여자 어디 없을까. 그 사내뿐만 아니라 이 세상의 모든 병을 다 씻어주고도 남을만한 품 넓은 여자!

장마

최두석

  비 내린다. 축축한 헛간에서 염소가 새끼를 낳는다. 빗방울 튀는 소리 거칠게 염소의 콧김 속에 스미고 마침내 모래물이 쏟아져 낳은 새끼 세 마리. 염소의 젖통이 퉁퉁해진다. 새끼들이 젖꼭지를 빤다. 그렇지만 젖은 나오지 않는다. 젖통은 부어오르고 새끼들은 굶어 죽는다. 구멍도 없는 젖꼭지라니! 비는 내리고 수술을 하기엔 배꼽이 배보다 크다.

• •

이윤예 눈 먼 사람들로 인해 광우병에 걸린 소나, 구제역에 걸린 돼지, 독감에 전염된 닭이나 오리 등등의 동물(가축)들이 아무런 저항 없이 살처분되는 풍경에 우리가 모두 익숙해져 가고 있는 것 같습니다. 이렇게 묻고 싶습니다. 애완동물을 안고 소파에 기대어 살처분되는 닭들을 바라보는 일은 (불)가능한가? 인간이 병들면 끙끙 앓으면서 이겨내려고 하는 것처럼 동물들도 그럴 것이라고 생각해보는 시간입니다. 인간이나 동물의 진화의 역사에는 그러한 고통과 슬픔의 강을 넘은 기억이 있을 것입니다.

누에

나희덕

세 자매가 손을 잡고 걸어온다

이제 보니 자매가 아니다
꼽추인 어미를 가운데 두고
두 딸은 키가 훌쩍 크다
어미는 얼마나 작은지 누에 같다
제 몸의 이천 배나 되는 실을
뽑아낸다는 누에,
저 등에 짊어진 혹에서
비단실 두 가닥 풀려 나온 걸까
비단실 두 가닥이
이제 빈 누에고치를 감싸고 있다

그 비단실에
내 몸도 휘감겨 따라가면서
나는 만삭의 배를 가만히 쓸어안는다

◦ ◦

시인은 꼽추와 두 딸이 함께 걷는 모습을 보며, 어떻게 저런 몸에서 이렇게 크고 아름다운 몸들이 나왔을까, 하고 경탄을 합니다. 꼽추의 등에 튀어나온 혹이 아름다움을 빚어내는 마술의 힘을 지니고 있는 것은 아닐까 궁금해지기도 합니다. 어쨌거나 꼽추가 빚어놓은 딸들의 아름다움은 다시 꼽추를 감싸면서 둥글고 아름다운 풍경을 만들어 보여줍니다. 그 모습에 반해 시인은 자신도 모르게 따라가면서 만삭의 배를 쓸어안아봅니다. 아픈 몸에서 비롯된 탄생이라면 아름다운 세계를 기대해도 좋을 것입니다.

신체장애자들이여

천상병

몸이 비록 불편하여도
하나님은 보살필 대로 보살피신다
꿋꿋한 마음으로
보통사람을 뒤따라라

지지 말고 열심히 따르면
누구에게도 지지 않으리라
적은 일도 적은 일이 아니고
큰일도 이루리라

모든 것은 마음에 달렸다
언제나 하나님을 경애하고
앞날을 내다보면서
희망을 품고 살아가다오

• •

어제는 제 사무실에 친구가 놀러왔습니다. 10년 만인가 봅니다. 아내가 장애인이었습니다. 목발을 짚고 놀러오셨습니다. 눈도 크고 목소리도 큰 시원하고 맑은 분이셨습니다. 그들이 결혼할 때 양가에서 모두 반대를 했답니다. 사내는 가난했고 여인은 장애인이었기 때문입니다. 그래도 행복하게 잘 살고 있답니다. 올라올 때는 몰랐는데 내려갈 때 보니 아내를 업고 계단을 내려갑니다. 사무실이 4층인 것이 미안했지만, 뭐 어떻습니까. 업혀 내려가는 친구 아내의 시원한 웃음소리가 온 계단을 울리는데요.

맹인

신경림

  사물이 눈으로 들어오는 것을 그는 완강히 거부
한다
  귀로 듣고 손으로 느낀 것들을 꿈으로 빚어
선을 긋고 색깔을 칠하여 제 안에 사물을 만든다

  그가 죽는 날 그것들은 밖으로 나올 것이다
잠시 세상의 것들과 너무 다른 데 당황하겠지만
죽어 있다고 체념하고 있던 세상의 것들이 이윽고

  팔팔 살아서 뛰는 그것들을 닮아갈 것이다 세상을
보지 못하는 꿈이 만들어 오히려 살아 있는 것들이
거꾸로 세상을 아름답게 바꾸어갈 것이다

• •

어머니가 아프십니다. 세상의 모든 어머니들은 왜 죽을 만큼 아프신가요. 어머니가 아프시면 제가 죽을 것 같습니다. 그래서 아파도 아프다고 하지 않으십니까. 허리뼈가 그렇게 구부러졌는데도 아프지 않으시다니, 다리를 그렇게 절면서도 괜찮으시다니 자식 생각해서 그러십니까. 그런 어머니께 저는 차마 하지 않아야 될 말을 했습니다. 자식이 어머니 앞에서 몸이 아프다는 말을 했습니다. 어머니를 밖에 세워 두고 수술실에 들어가 마취된 꿈속에서 내내 그 말을 후회했습니다.

소경

유승도

   소쩍새는 울건만 모습을 잡을 길 없고 낮 동안 보았던 강둑 너머 나무도 찾을 수 없다 길을 찾아 걷다가 발을 헛디뎌 나동그라지니, 살아온 시간이 아득하기만 하다
   집에 들어 등불을 켜고 밤을 보낸다 어둠속을 보지 못하니 세상의 그 무엇도 보지를 못하였다
   바라보려 하였으므로 나는 나의 눈조차 보지를 못하였다

· ·

어둠 속에 서면 우리는 모두 소경보다 못한 존재가 되고 맙니다. 애절하게 우짖는 새도, 푸른 나무도, 늘 걷던 길도 찾을 수가 없습니다. 어둠 속에서는 환한 대낮의 그 당당함도, 오만함도 다 내려놓고 겸손해지지 않으면 안 됩니다. 우리가 불우하다고 업신여기거나 동정하던 소경에게서 어둠 너머를 바라보는 힘을 배우지 않으면 안 됩니다. 그것은 쓸데없이 많은 것을 보려고 하지 않는 힘일지도 모릅니다. 시인은 이렇게 묻고 있는 듯싶습니다. 당신이 그토록 바라보려고 했던 것이 바로 그것 맞습니까?

강

이정록

양수를 여섯 번이나 담았던
당신의 아랫배는
생명의 곳간, 옆으로 누우면
내가 제일 고생 많았다며
방바닥에 너부러진다
긴장을 놓아버린 아름다운 아랫배
누가 숨소리 싱싱한 저 방앗간을
똥배라 비웃을 수 있는가
허벅지와 아랫배의 터진 살은
마른 들녘을 적셔 나가는 은빛 강
깊고 아득한 중심으로 도도히 흘러드는
눈부신 강줄기에 딸려들고파
나 문득 취수장의 물처럼 소용돌이친다
뒤룩뒤룩한 내 뱃살을
인품인 양 어루만지는 생명의 무진장이여
방바닥도 당신의 아랫배에 볼 비비며
쩔쩔 끓는다

. .

내가 너희들 오 남매를 다 배 아프게 낳았다. 너희들을 낳을 때마다 피를 대야로 쏟았다. 그렇게 다섯 번을 했더니 허벅지와 배가 쩍쩍 터지고 늘어나서 이렇게 바람 빠진 풍선마냥 쭈글쭈글해졌다. 런닝구 바람으로 누운 어머니의 늘어진 뱃가죽을 쓰다듬다 그런 소리를 듣습니다. 세상에서 가장 아름다운 몸입니다. 그 몸속에서 제가 나왔습니다. 왜 그런 사실을 자주 잊고 사는지 모르겠습니다. 제 자식을 낳은 아내의 아랫배도 그리되어갑니다. 할 수만 있다면 어머니 뱃속으로 다시 들어가고 싶어지는 저녁입니다.

국립서울맹학교

정호승

저녁을 먹고 선생님과 우리들은
인왕산 느티나무 숲속을 걸어
달빛 아래 모여 서서 달을 보았다.

선생님, 달이 밝지요?
저는 저 달을 못본 지
벌써 오년이나 되었어요.

돼지저금통을 굴려 축구를 하고
진 편이 내는 짜장면을 먹고 자던
기숙사 안방에도
달빛은 거울에 부서지는데

점자로 쓰는
사랑의 편지
점자로 읽는
어머니의 편지.

어둠 속에서만 별은 빛나고

마음의 눈이야말로
가장 아름다운 눈이라고
마음의 눈으로 가장 아름다운
별을 바라볼 수 있다고

선생님과 우리들은
달빛 아래 모여 서서 편지를 읽으며
서울 시내 하수구에 빠지는 사람들이
멀쩡히 눈 뜬 자들이라고
까르르 웃으며 달만 쳐다보았다.

• •

"저는 저 달을 못 본 지 벌써 오년이나 되었어요."라는 말이 달빛보다 아프게 부서집니다. 그래도 쩔렁쩔렁 소리를 내는 돼지저금통을 굴리며 짜장면내기 축구를 하고, 사랑을 하고, 편지를 쓰고, 편지를 읽습니다. 별은 어둠 속에서만 빛난다는 진실을 증명하는 국립서울맹학교. 가장 아름다운 별은 마음의 눈으로 바라보아야 한다는 사실도 확인시켜 주는 국립서울맹학교 학생들입니다. 멀쩡히 두 눈 뜨고도 가끔 허방다리를 짚는 우리들에게 달빛이 환하게 뿌려진 인왕산 숲길을 제대로 걷는 법을 가르쳐 줍니다.

치매

정세기

마음이 떠나버린
어머니의 몸
빈 항아리에 늙고
게으른 평화가 산다

젊은 날
홀로 짊어진 가계
그 무거운 걱정의 짐 부려놓고

빨랫줄에 걸려
햇볕에 몸을 말리는
어머니 흰 무명 저고리
바람에 금방 날아갈 듯

가벼운 몸피에서
피식 수줍은 웃음이 새어나온다
가끔
새색시 적 아버지가 다녀가시나 보다

• •

오래 살아온 몸에서 마음이 슬그머니 빠져나가는 것이 노인들의 치매입니다. 슬그머니 빠져나간 마음이 어디로 가시는지 아십니까. 바로 자식들 몸속으로 들어가신답니다. 우리 부모님에게 제발 치매는 오지 않았으면 좋겠다는 그 자식들에게 홀로 짊어졌던 삶의 무거운 짐을 슬쩍 얹혀놓고 가만히 지켜보신답니다. 이 녀석들이 부모의 삶의 무게를 알기나 할까 하고 말이지요. 그때 너끈히 그 무게를 감당하는 자식들에게는 이따금 피식 하고 무명빨래에 내리는 맑은 햇살 같은 미소도 보여주시겠지요.

감기

고형렬

오후 눈이 내리다 멎더니
벽 속에서 옆집 아기가
저녁부터 기침을 시작했다
조금도 쉬지 않고 콜록콜록
두 다리와 가슴, 배가
흔들리는 소리가 끊이지 않았다
공중으로 쉴새없이
올라갔다 바닥으로 떨어졌다
그렇게 새벽녘까지
감기가 아기를 보채더니
담 밑에 눈처럼 잠이 들었다
먼동이 하얗게 밝아왔다

● ●

아기가 감기 때문에 긴 겨울밤을 한숨도 못 잤군요. 기침 때문에 가슴과 배에 올록볼록 힘이 들어가고 온몸이 떨리는 무서운 밤이었군요. 엄마 아빠뿐만 아니라 옆집 시인아저씨도 함께 안타까워하며 잠들 수가 없었습니다. 아기가 아픈 날은 더 잠이 쏟아지는데…… 날이 밝으면서 겨우 잠이 든 아기 옆에서 젊은 엄마도 함께 눈을 붙였을 풍경이 햇솜이불처럼 포근하게 느껴집니다. 아기가 아픈 날은 누구도 잠을 자지 못 합니다. 그래서 오늘 밤만이라도 이 세상 모든 아기들이 아프지 않은 겨울밤이 되었으면 좋겠습니다.

의족

유홍준

이 공원 구석에
눈병 앓는 눈처럼
눈곱 낀 연못이 있다

누가 의족을 떼어 던진 걸까?
저 더러운 연못 속
누런 고무장딴지 같은 잉어들

물 위에 침을 뱉고 나는
잉어떼를 들여다본다
침처럼 흩어지려는 물 위의 내 얼굴을 본다

연못가 벤치 위에
한 토막 잉어,
비린내 심한 제 비늘을 말리고 있다

저 토막은 또 어디
지느러미 떼놓고 온 걸까?
고무장딴지 떼어 던진 사람이

펄럭, 펄럭
바짓가랑이 지느러미를 흔들며 사라져 갈 때

• •

고무손을 한 사람과 함께 일을 했던 시간이 있습니다. 쇠를 그라인더에 갈아 반짝반짝 빛나게 만드는 빠우공이었습니다. 그런데 일을 하다 그만 그라인더에 고무손가락 한 개를 갈아 잘리고 말았습니다. 의수마저 다친 사람, 제 손가락이 다 덜덜 떨렸습니다. 누군가 의족을 연못가 벤치 위에 벗어 던졌군요. 그는 두 번이나 다리를 잃은 사람입니다. 아마도 한 번은 불의였겠으나 두 번째는 슬픔이었겠다고 생각합니다. 하지만 제 다리를 떼어 던지는 슬픔이 결코 자의라고만은 말하지 못하겠습니다.

꼽추 박양

이상호

척추 혹 덩이 속에
추위를 담은 채
이겨내고
이겨내어
더 이상 견딜 수 없어

이대로
끝까지 잠들고 싶음
먹고 싶지 않음
목욕하고 싶지 않음
수면제 필요함
마약에 취하고 싶음

결핵균이 끊임없이
척추 뼈에 파고들어도
이겨내고
이겨내어

반은 어둠에 숨기고

반은 세상에 드러내는
반달 같은 네 모습

다 감추고 싶어서
더욱 많이 웃고
더욱 많이 재잘거린다

등허리 혹 덩이는
네 사랑이라고
짧은 목은
반쯤 내보인 네 추파라고
반쯤 숨긴 네 울음이라고

• •

세상의 누군들 웃고 싶은 웃음을 다 웃고 울고 싶은 울음을 다 울수 있겠습니까. 그런데 그렇게 하는 사람들도 많습디다. 그렇다고 누가 뭐라 할 사정도 아니겠구요. 하지만 몸이 좀 불편한 사람이 그러면 병신 육갑을 하네, 쌍지팡이 짚고 나서네, 입방아들을 찧기 일쑤지요. 참, 나도 병신인데, 나 같은 것도 사랑을 하는데, 멀쩡한 것들이 사랑을 씹어대는 세상이라니. 나 오늘 다는 아니고 반만 울어야 쓰겠습니다. 반은 뒀다가 후제라도 추파를 보내는 사람이 있으면 함께 울겠습니다.

이것이 날개다

문인수

 뇌성마비 중증 지체·언어장애인 마흔두 살 라정식 씨가 죽었다.
 자원봉사자 비장애인 그녀가 병원 영안실로 달려갔다.
 조문객이라곤 휠체어를 타고 온 망자의 남녀 친구들 여남은 명뿐이다.
 이들의 평균 수명은 그 무슨 배려라도 해주는 것인 양 턱없이 짧다.
 마침 같은 처지들끼리 감사의 기도를 끝내고 점심식사중이다.
 떠먹여주는 사람 없으니 밥알이며 반찬, 국물이며 건더기가 온데 흩어지고 쏟아져 아수라장, 난장판이다.

 그녀는 어금니를 꽉 깨물었다. 이정은 씨가 그녀를 보고 한껏 반기며 물었다.
 #@%, 0%·$&*%ㅐ#@!$#*? (선생님, 저 죽을 때도 와주실 거죠?)
 그녀는 더이상 참지 못하고 왈칵, 울음보를 터

트렸다.

$#·&@?＼·%, *&#…… (정식이 오빤 좋겠다, 죽어서……)

입관돼 누운 정식 씨는 뭐랄까, 오랜 세월 그리 심하게 몸을 비틀고 구기고 흔들어 이제 비로소 빠져나왔다, 다왔다, 싶은 모양이다. 이 고요한 얼굴,
 일그러뜨리며 발버둥치며 가까스로 지금 막 펼친 안심, 창공이다.

● ●

고향 이웃에 뇌성마비 동갑나기가 있습니다. 본지 오래여서 잘은 모르지만 머리칼이 희끗희끗해졌을 몸으로 여전히 기어다니고 있을 것입니다. 어쩌다 그 집에 가게 되면 반가워하며 뭐라 말을 걸어오곤 했지만 알아들을 수 없어 곤혹스럽기만 했습니다. 그런데 어느 날 그 집 아주머니가 동갑나기를 마구 때리면서 차라리 뒈지라고 하면서 울부짖고 있었습니다. 동갑나기도 뭐라고뭐라고 소리를 지르며 울고 있었는데 그때부터 그 친구의 말귀를 조금씩 알아들었던 것 같습니다. 그날은 그 친구에게서 초경이 시작된 날이었답니다.

百年백년

문태준

와병 중인 당신을 두고 어두운 술집에 와 빈 의자처럼 쓸쓸히 술을 마셨네

내가 그대에게 하는 말은 다 건네지 못한 후략의 말

그제는 하얀 앵두꽃이 와 내 곁에서 지고
오늘은 왕버들이 한 이랑 한 이랑의 새잎을 들고 푸르게 공중을 흔들어 보였네

단골 술집에 와 오늘 우연히 시렁에 쌓인 베게들을 올려보았네
연지처럼 붉은 실로 꼼꼼하게 바느질해놓은 百年백년이라는 글씨

저 百年백년을 함께 베고 살다 간 사랑은 누구였을까
병이 오고, 끙끙 앓고, 붉은 알몸으로도 뜨겁게 껴안자던 百年백년

등을 대고 나란히 눕던, 당신의 등을 쓰다듬던 그 百年백년이라는 말
강물처럼 누워 서로서로 흘러가자던 百年백년이라는 말

와병 중인 당신을 두고 어두운 술집에 와 하루를 울었네

• •

나란히 베개를 베고 누울 사람을 생각하며 베갯모에 百年백년이라는 글씨를 새긴 사람은 누구입니까. 한뜸 한뜸 고운 자수를 놓듯 그렇게 百年백년을 살자더니 붉게 앓는 사람은 누구입니까. 壽수, 福복, 康강, 寧녕, 富부, 貴귀, 囍희 하자더니 자리보전하고 베갯잇을 적시는 사람은 누구입니까. 그게 말이나 되는 일입니까. 차마 어떤 말도 다 하지 못하고 어두운 술집에 앉아 하루를 우는 사람은 또 누구입니까. 앵두꽃이 지고 왕버들이 촉촉이 흐르는 봄날에 당신이 몸져누우니 나는 어쩌란 말입니까. 그 百年백년을 어쩌란 말입니까.

모닥불

백 석

새끼오리도 헌신짝도 소똥도 갓신창도 개니빠디도 너울쪽도 짚검불도 가락잎도 머리카락도 헌겊조각도 막대꼬치도 기와장도 닭의짗도 개터럭도 타는 모닥불

재당도 초시도 門長문장늙은이도 더부살이도 아이도 새사위도 갓사둔도 나그네도 주인도 할아버지도 손자도 붓장사도 땜쟁이도 큰개도 강아지도 모두 모닥불을 쪼인다

모닥불은 어려서 우리 할아버지가 어미아비 없는 서러운 아이로 불쌍하니도 몽둥발이가 된 슬픈 역사가 있다

● ●

불은 모든 것을 끌어당기고 모든 것을 태웁니다. 불의 힘이겠지요. 설을 앞둔 섣달 그믐께가 되면 마당을 깨끗이 쓸고 허섭스레기를 모아 바깥마당에 불을 놓고 쪼이곤 했습니다. 그러면 식구들도, 동네사람들도, 지나가던 사람들도 모두가 불가로 다가와 손을 비비며 저물어가는 한 해의 하늘 끝자락을 올려다보곤 했습니다. 불을 쪼이는 손마다 성한 손이 없었습니다. 그런 손들을 바라보노라면, 할아버지가 어미아비 없이 자라다 불에 데어 몽둥발이가 되었다는 얘기를 듣는 이 시의 소년처럼, 서러워지기도 하였습니다.

緬禮면례

이상국

내 아내의 아버지 육군 이등중사 전철호 씨
그는 나라에 자신의 한쪽 다리를 내주었고
나라는 그에게 국유림 서너 평을 빌려주었다
대한민국 4급 상이용사
묘비도 봉분도 없는 담양전씨 철호지묘의
광중을 헐고 유골을 수습하던 인부들이
검은 녹이 헌데처럼 엉겨 붙은 쇠붙이 하나를
조심스럽게 들어올렸다
의족이었다
그 다리를 끌고 부산 영도에서
양양 공수전 산골까지 어떻게 왔을까
주먹으로 눈물을 닦으며 걸었을까
조국과 빨래비누를 바꾸며 왔을까
그렇게 생을 괴롭히고도 쇠붙이가
다시 무덤 속에서 30여년이나
그의 영혼을 짓눌렀을 생각을 하면
끔찍하다
우리는 바다가 보이는 산에 올라
연 날리듯 그의 몸을 뿌렸는데

그날 한 사내가 비로소 나라를 버리고
무한천공 날아가는 게 보였다
그 뒤로 그의 의족이 한사코 따라가는 게 보였다

● ●

국가는 명령을 내립니다. 외국인을 혹은 동족을 상해하고 죽이라고 명령을 내립니다. 피부색이 다르다는 이유로, 이념이 다르다는 이유로, 종교가 다르다는 이유로, 석유가 욕심이 나서, 권력을 유지하려고 칼을 들고 총을 들고 죽고 싶지 않으면 죽이라고 명령을 내립니다. 아이들에게, 노인들에게, 여자들에게도 예외 없이 명령을 내립니다. 분유공장에도, 어린이학교에도, 가정집에도 폭탄을 퍼부으라고 명령을 내립니다. 지금도 팔레스타인에서, 이라크에서 명령은 계속됩니다. 명령은 국가만이 내릴 수 있습니다.

제2부

화가 뭉크와 함께
병원
병
계룡산 학봉리에 김열 산다
흉터
내 복통에 문병 가다
전라도길
아프니까 편하다
지팡이
가을 어머니
병상에서
몸살
초겨울
병원에서
몸이 많이 아픈 밤

화가 뭉크와 함께

이승하

어디서 우 울음소리가 드 들려
겨 겨 견딜 수가 없어 나 난 말야
토 토하고 싶어 울음소리가
끄 끊어질 듯 끄 끊이지 않고
드 들려 와

야 양팔을 벌리고 과 과녁에 서 있는
그런 부 불안의 생김새들
우우 그런 치욕적인
과 광경을 보면 소 소름끼쳐
다 다 달아나고 싶어

도 同化동화야 도 童話동화의 세계야
저놈의 소리 저 우 울음소리
세 세기말의 배후에서 무 무수한 학살극
바 발이 잘 떼어지지 않아 그런데
자 자백하라구? 내가 무얼 어쨌기에

소 소름 끼쳐 터 텅 빈 도시

아니 우 웃는 소리야 끝내는
끝내는 미 미쳐 버릴지 모른다
우우 보우트 피플이여 텅 빈 세계여
나는 부 부 부인할 것이다.

· ·

불편한 몸을 다루는 시가 있는가 하면 불편한 몸으로 직접 말하는 시가 있습니다. 이 시는 말더듬이가 직접 말하는 방식의 시입니다. 말더듬이는 불안하거나 공포에 휩싸이면 더 심하게 말을 더듬게 됩니다. 그러다 울어버리기 일쑤입니다. 울면서 절규를 하기도 합니다. 말더듬이뿐만 아니라 공포에 질리면 누구나 말을 더듬습니다. 상황이 모든 사람을 장애인으로 만들 때도 있습니다. 이 시에는 누군가가 울고 있고, 누군가가 과녁처럼 서서 학살을 당하고 있다는 암시를 줍니다. 부인하고 싶은 상황임에 틀림없습니다.

병원

윤동주

  살구나무 그늘로 얼굴을 가리고, 병원 뒤뜰에 누워, 젊은 여자가 흰 옷 아래로 하얀 다리를 드러내놓고 일광욕을 한다. 한나절이 기울도록 가슴을 앓는다는 이 여자를 찾아오는 이, 나비 한 마리도 없다. 슬프지도 않은 살구나무 가지에는 바람조차 없다.

  나도 모를 아픔을 오래 참다 처음으로 이곳에 찾아 왔다. 그러나 나의 늙은 의사는 젊은이의 병을 모른다. 나한테는 병이 없다고 한다. 이 지나친 시련, 이 지나친 피로, 나는 성내서는 안 된다.

  여자는 자리에서 일어나 옷깃을 여미고 화단에서 금잔화 한 포기를 따 가슴에 꽂고 병실 안으로 사라진다. 나는 그 여자의 건강이―아니 내 건강도 속히 회복되기를 바라며 그가 누웠던 자리에 누워본다.

● ●

지금 누군가 아픈 몸이거든 양지바른 곳에 나앉아 해바라기라도 해볼 일입니다. 무엇보다 축축하게 젖은 외로움을 보송보송하게 말리며 스스로라도 위로를 해보시기 바랍니다. 그래서 조금이라도 여유를 얻으면 곁에 또 다른 아픈 몸을 살고 있는 사람을 향해 미소라도 보내주십시오. 새순 돋는 나무 그늘 아래가 환해질 것입니다. 시인은, 누군가가 아파서 자신 또한 아픈데 병은 아니라 하니, 안타깝기만 합니다. 아픈 사람의 마음은 아프지 않고는 이해하지 못합니다. 사랑이여, 당신은 하필이면 아픈 장소에서 태어나 시련이 되십니다.

병

이용악

말 아닌 말로
병실의 전설을 주받는
흰 벽과
하아얀
하얀
벽

화병에 씨들은 따알리야가
날개 부러진 두루미로밖에
그렇게밖에 안 뵈는 슬픔 ─
무너진 상싶은
가슴에 숨어드는
차군 입김을 막어다오

실끝처럼 여윈 사념은
회색 문지방에
알 길 없는 손톱그림을 새겼고
그 속에 뚜욱 떨어진 황혼은 미치려나
폭풍이 헤여드는 내 눈 앞에서

미치려는가 너는

시퍼런 핏줄에
손가락을 얹어보는 마음 ——
손끝에 다앟는 적은 움즉임
오오 살아 있다
나는 확실히 살아 있다

• •

찬란한 봄에 병실에 누워본 사람은, 죽음의 예감을 가져본 사람은 삶의 환희를 압니다. 자신의 손목에 손가락을 얹고 맥을 짚어본 사람은, 자신의 오른손을 왼손으로 쓰다듬어본 사람은 삶의 열정을 압니다. 병실 흰 벽에 그동안 사랑했던 사람들의 이름을, 사랑했던 사람과 함께 부르던 노래를 적어본 사람은 죽음이 삶을 낳고 삶이 죽음을 낳는다는 것을 압니다. 그리고 그 모든 것을 혼자 말하고 자신이 대답해야만 한다는 것을 아는 사람은 확실히 살아 있는 사람입니다.

계룡산 학봉리에 김열 산다

박진성

 나 열이 형 만나러 학봉리에 가요, 계룡산 쌍쌍봉 아래 학봉리 가면 마음보다 먼저 몸으로 기울어오는, 열이 형 살아요 계룡산 단풍 핑계 삼아 불면의 몸을 또 구실 삼아서 몸보다 먼저 마음이 눕는 102번 종점에 열이 형 살아요, 나 몸에 熱열이 많아서 계룡산 은행을 죄다 구워버릴 수도 있지요 나는 마음 한 군데가 절단나고 열이 형은 다리 한 군데가 절단났어도 형과 나는 말띠동갑, 갈기 휘날리는 것이 말(馬)뿐이겠습니까 病身병신 같은 것들이 대낮부터 취해서 病心병심 같은 것들이 쓰고 싶은 시는 그리 많아서 굽혀지지 않는 열이 형 다리가 直放직방으로 나의 공포를 겨눌 때, 계룡산 上上峰상상봉이 하늘 바깥으로 솟아오르려는 듯 제 몸을 흔들지요, 마구마구 취해서 열이 형과 뒤엉켜서 학봉리 온 마을을 휘저었더랬습니다 기우뚱, 언어의 종점인 듯 노을 한창인 계룡산의 身熱신열이 病身병신 둘을 업고 어부바 어부바 어두워지는 거였습니다

● ●

참 재미난 시입니다. 나는 마음 한 군데가 절단나 몸에 열이 많아서 단풍든 계룡산으로 식히러 갑니다. 거기 다리 한 군데 절단난 띠동갑 형이 사네요. 그런데 그 양반은 아예 이름이 열이니, 둘 다 참 열 많이 받으며 사시겠군요. 그럴 땐 그냥 한바탕 푸닥거리를 해도 좋겠지요. 그렇지 않아도 한 분은 마음이, 또 한 분은 다리가 망가져서 비틀거리는데 거기에 거나하게 취했으니 참 가관이었겠군요. 그래도 그쯤은 되었으니 계룡산도 덩달아 신열이 올라 벌겋게 취했겠지요. 언제 같이 한잔 했으면 좋겠습니다. 병신 셋이 모여서.

흉터

도종환

한 번 크게 앓고 난 뒤부터
이 상처
지워지지 않아요

한때의 칼자국
내 살 깊은 곳에 박혀서
오래도록 남아 있어요

당신을 사랑했기 때문에

상처는 상처대로 안고
흉터는 흉터대로 남은 채
이렇게 살고 있어요

세월은 흐르고
흉터는 지워지지 않아도
잊는 듯 살고 있어요

• •

몸에 상처가 나면 아물어도 흉터가 남습니다. 아물다 덧나기라도 하면 더 큰 흉터가 남습니다. 이따금 그런 흉터를 쓰다듬어 보는 시간이 있으시지요? 때로 마음에도 상처가 납니다. 마음의 상처는 몸의 상처보다 더 자주 덧납니다. 끝내 아물지 않기도 하는 것이 마음의 상처입니다. 몸보다 마음을 쉬이 다루기 때문은 아닐까요? 몸에 상처가 나면 약을 바릅니다. 마음에 상처가 나면 괴로워만 하기 일쑤지요. 마음에 상처가 나면 자신만이 스스로 그 치료법을 발명하지 않으면 안 되기 때문이겠지요.

내 복통에 문병 가다

장철문

그가 통증을 알려왔네
그의 문병을 갔지
그는 아프고,
그의 곁에 앉아 있었네
소식을 듣고 달려온 친구가
그의 이마를 짚으며 혀를 찼네
그 친구를 물끄러미 바라보았지
친구는 조용히 일어나 돌아갔네
그는 앓고 있었네
아무 걱정도 없이 앓고 있었네
그를 걱정하는 것은 오히려
그의 친구들이었네
그와 그의 친구들을 바라보았네
통증은 그의 몫이고
불안과 걱정은 그의 몫이 아니었네
친구들은 모두 돌아갔네
그는 아프고, 그의 곁에서 바라보았네
그 또한 통증을 두고
돌아갔네

통증도 돌아갔네

● ●

자신의 아픔을 물끄러미 들여다보는 사람도 있습니다. 자기가 자기에게 문병 가서 말이지요. 주변에서는 걱정을 하는데 병을 가지고 놀듯이 아픔이란 무엇이고, 언제 왔다 또 어느 때 사라지는가, 따져보고 있다니요. 이 정도가 되면 내 몸과 아픔을 나눌 수도 있고 그래서 걱정은 물론이고 아파도 아프지 않은 것이 될 수도 있겠지요. 하여간에 지금 옆에서 누군가 아프다면 찾아가서 이마에 시원한 물수건이라도 갈아주면 어떨까요. 들고 간 음료수를 그냥 당신이 마시고 돌아와도 상관 없습니다. 아픈 사람이 조금만 덜 적적해진다면 말입니다.

全羅道 전라도 길
-소록도로 가는 길

한하운

가도 가도 붉은 황톳길
숨막히는 더위뿐이더라.

낯선 친구 만나면
우리들 문둥이끼리 반갑다.

천안 삼거리를 지나도
쑤세미 같은 해는 서산에 남는데.

가도 가도 붉은 황톳길
숨막히는 더위 속으로 쩔름거리며
가는 길……

신을 벗으면
버드나무 밑에서 지까다비를 벗으면
발가락이 또 한 개 없다

앞으로 남은 두 개의 발가락이 잘릴 때까지

가도 가도 천리, 먼 전라도길.

● ●

자신의 병을 고치고자 뜨거운 전라도 길을 걸어야 했던 고통스런 체험이 황톳길처럼 붉습니다. 그 길은 아무도 자신의 병을 고쳐주려 하지 않고 내쫓은 길이었습니다. 천대와 멸시의 길을 걸어가면서 문드러진 발가락을 하나 떼어내는 "낯선 친구 만나면 우리들 문둥이끼리 반갑다"고 자위하는 구절이 왼쪽 가슴 밑을 뻐근하게 만듭니다. 자신을 닮은 사람을 만나 슬퍼지는 것은 몸이 아픈 사람만일 것입니다. 자신을 닮은 사람을 위로하는 것도 몸이 아픈 사람뿐일 것입니다. 그것은 숨 막히는 광경일 것입니다.

아프니까 편하다

윤재철

아프니까 편하다
아무것도 안 보고
아무 생각도 안하고
휴일 식구들 놀러가는 데도 빠져서
혼자 그냥 누워 있으니 참 편하다

아픈 몸에 모든 것을 맡기고
나도 모르겠다
아프자면 아프자
나자빠지니까 참 편하다
아픈 것도 결국 혼자겠지
죽는 것도 결국은 혼자겠지

욱신욱신 철도 아니게 걸린 안질
안약 넣고 마이신 먹고
힘이 스르르 빠지니 참 편하다
모든 것을 포기하고
아프기만 하니까 참 편하다.

• •

몸살이라도 나서 한 사나흘 푹 쉬고 싶을 때가 있습니다. 한없이 자신에게 봉사를 해줄 것으로 믿었지만 지쳐버린 몸. 그것과 더는 싸우지 않고, 낮은 바닥에 뉘어 두고 마냥 쉬고 싶을 때가 있습니다. 아프려면 아프라지 하며 등산 약속도 취소하고, 그 좋은 술 약속도 깨고, 담배가 떨어져도 좋고…… 그렇게 아파서 누워 있는 자신의 몸을 측은하게 바라보기도 하겠지요. 어디든 마다 않고 무엇이든 싫다 않고 가자면 가고 하자면 하던 몸. 그것을 한 사흘 푹 쉬게 해주고 싶은 때가 있습니다.

지팡이

정진규

　나무는 무릎 관절이 없다 걸어다닐 수가 없다 다리도 아프지 않은 모양이다 몇 백년을 제자리에만 줄창 서 있다 스스로 넘어지는 나무를 나는 본 적이 없다 무릎 관절이 있는 나는 말이 屈伸自在(굴신자재)이지 비키고 비켜서 여기까지 왔구나 살아남았다고 생각되지 않는다 수명도 더 짧다 제자리를 지켰다 할 수도 없다 세상을 싸다닌 나의 무릎 관절이 이제 고장이 났다 박달나무에게 나무지팡이 하나를 빌렸다 사람의 슬픔엔 고장나는 관절이 있다

• •

나무만큼 튼튼한 다리를 가진 것도 없을 것입니다. 시멘트 기둥도, 철골 기둥도 나무다리를 능가하지는 못합니다. 제 고향엔 수 만평을 자신의 그림자로 드리우던 아주 나이 많은 곰솔 한 그루가 있었습니다. 몇 년 전 큰 벼락을 맞고 앙상하게 말라죽어서 더 이상 푸른 그림자를 만들지 못합니다. 수백 년 동안 벼락을 한두 번 맞았겠습니까. 사람의 슬픔엔 싸다니는 즐거움을 주고 고장나는 무릎 관절이 있다면 나무의 슬픔엔 튼튼하지만 가고 싶은 곳으로 가지 못하는 다리가 있습니다.

가을 어머니

김해화

어머니 홀로 계시네
코스모스 해바라기 과꽃
울타리 미어지게 피워놓고
출렁출렁 꽃물살에 멀미하며
몸살 앓으며

엄니 저여요 드문드문 전화를 하면
아가
다리는 어찌냐 아직도 빙원이냐
어쩔끄나 얼른 나사야 쓸 것인디
목이 메이시는

엄니 저 인자 걸어댕겨요
더 할말 없어 전화 끊고
창 밖 먼 하늘로 눈을 돌리면
뭉게뭉게 떠오르는 하얀 고향
아버지 오래 누워 계시다 가신 집
어머니 홀로 계시네

• •

병원에 누워 오랫동안 어머니에게 가지 못한 자식인가 봅니다. 자식이 아파도 마음대로 찾아보지 못하는 어머니인가 봅니다. 그 어머니와 자식 사이에 놓인 먼 그리움의 강둑에 코스모스가 피고 가을이 오는가 봅니다. 아마 가을이 온다고 전화를 했나 봅니다. 걱정 마시라는 말 외에 더 할 말도 없는 전화를요. 인자 걸어댕기기 시작했다고 말은 하지만 홀로 계신 가을 어머니에게 찾아가서 과꽃 한 다발을 안겨드리기까지는 먼 하늘 뭉게구름까지의 거리만큼이나 더 시간이 필요할지도 모르겠습니다.

병상에서

정희성

실패한 자의 전기를 읽는다
실수를 범하지 않기 위해서가 아니라
새로운 실패를 위해
누군가 또 부정하겠지만
너는 부정을 위해 시를 쓴다
부질없는 줄 알면서 시를 쓰고
부질없는 줄 알면서 강이 흐른다
수술을 거부한 너에게
의사는 죽음을 경고했지만
너는 믿지 않는다
믿지 않는 게 실수겠지만
너는 예언하지 않는다
예언하지 않아도 죽음은 다가오고
예언하지 않아도 강이 흐른다
네 죽음은 하나의 실수에 그치겠지만
밖에는 실패하려고 더 큰 강이 흐른다

◦ ◦

병상에 누워 물었던 기억이 있습니다. 내 삶은 실패일 것인가 실수일 것인가. 내 죽음은 실수인가 실패인가. 부질없는 줄 알면서도 그렇게 물었습니다. 하지만 결코 간단치는 않은 질문이었습니다. 실패든 실수든 삶은 살아야 하고 죽음은 죽어야 하기 때문입니다. 실패는 자의식의 좌절을 가져다 줄 것이며 실수는 내면의 허망을 가져다 줄 것입니다. 당신의 선택이 죽음으로 이어진다는 의사의 경고 앞에서라면 또 어떻겠습니까. 실수를 하지 않아도 바람이 불고 실패를 하지 않아도 강이 흐릅니다.

몸살

조용미

몸에 열꽃이 핀다

모래바람이 불고 있다
온몸에 가시처럼 박혀오는
금빛 가루들
헉 헉, 숨이 막힌다

사막의 붉은 바다
잔인하고 아름다운 것들로 가득 차 있다
전갈좌도 사수좌도
그 위에 다 떨어진다

목 안에 모래가 가득하다
뜨겁고 붉은 그것들을 삼키면
몸이 악기가 되어
하나하나 울린다

황홀하게, 열에 들떠
내 몸이 부르는 노래들……

● ●

모래를 한입 가득 씹어본 적이 있지요. 그러다 꿀꺽 삼켜버린 적이 있지요. 일 년에 한두 번은 꼭 찾아오는 몸살 속에서 꾸역꾸역 씹는 밥알이 꼭 모래알 같지요. 의학에서는 이 몸살을 몸이 대청소하는 날이라고 합니다. 온몸 구석구석 쌓인 생명의 찌든 때와 먼지를 씻어내느라 여간 힘든 게 아니라고 하지요. 그래서 오랜 지병보다도 견디기 힘든 것이 몸살이라고 하지요. 그런데 몸살은 죽으려고 아픈 것이 아니라 살려고 아픈 병인 듯합니다. 삶의 황홀한 노래를 부르기 위하여 몸이 악기가 되는 시간인 듯합니다.

초겨울

김지하

이 계절
참되다

잎새 떨어진 나뭇가지들
뼛속에서 한겨울 어귀찬
바람소리 꿈꾸고

감추어진 온갖 아픔들
모두 드러나
죽음이 죽음에게
생명의 비밀을 속삭이는 때
아 초겨울

병든 남편이
병든 아내를 간호하는 잿빛 나날의
갇힌 방으로부터
포근한 남쪽
돌아갈 길은 끊기고
흰 눈은 아직 내리고

조용한 기다림

이 계절 참되다.

• •

어떤 것의 비밀을 아는 것은 그것의 돌이킬 수 없는 끝에 도달해서야 가능합니다. 마찬가지로 죽음도 삶이 돌이킬 수 없는 끝에 가서야 알게 되는 것이겠지요. 죽음을 알고 그것을 온전히 받아들일 수 있을 때 비로소 생명의 비밀을 알게 되는 것이겠지요. 이 또한 겨울이 되면 잎새 지는 자연의 이치가 아니겠습니까. 아마도 그런 깨달음을 가져다주는 겨울이기에 시인은 겨울을 거듭 참된 계절이라고 하는지도 모릅니다. 병든 남편이 병든 아내를 간호하며 맞이하는 겨울이 시리고도 찬란합니다.

병원에서

차창룡

둥근 해가 떴습니다
아침 일찍 일어났던 환자들
서넛 모여 지는 해 바라본다
고개 넘고 넘고 넘어
어렵사리 이곳에 온 둥근 해
뜨거운 청춘 어느새 다 보내고
그래도 쉬 떠날 순 없어라
찌그러지는 불꽃으로
푸른 나무 검게 태우는
해 바라보며 환자들
마지막 안간힘으로 붉은 얼굴들
햇빛 햇빛 끌어모아
폐암 등을 일으킬 수 있는
담배를 피운다

● ●

자신의 남은 생을 병원에 맡기고 살아가는 사람들이 있습니다. 피를 거르고, 항암제를 투여하고, 산소호흡기를 달고, 매 끼니 약을 마시며, 병원에서 먹고 자고 합니다. 그들은 자신이 앓고 있는 병을 다 치료하고 나은 뒤에 죽는 것이 아니라 그 병을 끌어안고 죽어갈 것이라는 사실을 대부분 잘 알고 있습니다. 석양을 바라보며, 그렇게 다 태운 뜨거운 청춘을 생각하며 조용히 죽음을 묵상한다는 것은 남은 생을 온전하게 갈무리하 겠다는 마음이겠지요. 그럴 때 피우는 담배 한대라면 암세포도 잠시 순해질 것만 같습니다.

몸이 많이 아픈 밤

함민복

하늘에 신세 많이 지고 살았습니다

푸른 바다는 상한 눈동자 쾌히 담가주었습니다

산이 늘 정신을 기대어주었습니다

태양은 낙타가 되어 몸을 옮겨주었습니다

흙은 갖은 음식을 차려주었습니다

바람은 귓속 산에 나무를 심어주었습니다

달은 늘 가슴에 어미 피를 순환시켜주었습니다

• •

몸이 아파야만 건강이 무엇인지를 알게 됩니다. 아무도 물 한 그릇 떠다주는 사람이 없이 아플 때 건강에 대해서 더욱 겸손한 이해가 가능합니다. 몸이 아픈 것을 남 탓이나 조상 탓도 할 수가 없다는 것을 깨닫게 됩니다. 자신의 몸을 만들어 주신 부모님께, 하늘님께, 바다님께, 산님께, 태양님께, 흙님께, 바람님께, 달님께 감사할 줄 알게 됩니다. 건강은 자연상태라고 시인은 말하고 있습니다. 건강은 만드는 것이 아니라 지키는 것이겠지요. 그렇다면 무리하지 말아야 합니다. 내 몸과 함께 삼라만상이 건강을 잃을 것이기 때문입니다.

제3부

성자처럼
애꾸 양반
간경화꽃
밥 푸는 여자
발
여자 6
산그늘
삭풍
덕평장
상처를 위하여
검은 물
외계
손 무덤
풀의 기술

聖者성자처럼

이시영

  아몬드에서 한잔 하다가 지상의 계단을 천천히 올라 창비 화장실을 가다가 그 오른쪽으로 환하게 불켜진 집, VIP 양복점의, 다리를 약간 저는 주인 겸 1급 재단사가 커다란 가위를 들고, 한쪽 귓등엔 하얀 백묵을 꽂은 채, 성자처럼 엎드려 열심히 일하는 모습을 나 거기 서서 오래오래 바라보곤 하였다.

● ●

아마도 시인은 호프라도 한잔 하던 중이었던 모양입니다. 화장실을 가다가 들여다보게 된 양복점에서 일하는 다리를 저는 재단사에게서 성자의 모습을 발견합니다. 이번이 처음은 아니었던 듯합니다. 그 순간 시인은 다리가 저렸을 것이라고 상상해 봅니다. 호프를 한잔 하면서 다리를 꼬고 있어서 그랬든 다리를 저는 재단사를 보고 순간적으로 그렇게 느꼈든 상관없습니다. 재단사가 가지고 있던 장애가 시인에게 옮겨간 것으로 보입니다. 이러한 전도는 노동이 신성하다는 의미를 가질 때 가능할 것입니다.

애꾸 양반

고 은

옥정골 홀아비 애꾸 양반
발채 넘실넘실
고구마 넌출 한 짐 지고 가는데
쌀잠자리도 따라가는데
장난꾸러기 다목이 따라가다가
그만 고구마 줄기 하나 냉큼 잡아채어
지게째 넘어뜨리고 달아나버렸다
얼라 죽었나?
한참 있다가 애꾸 양반 넌출 걷고 일어나서
한마디
젠장 대낮에도 도깨비 양반 장난이구만그려

• •

사람이 죽으면 귀신이 되고 물건이 죽으면 도깨비가 되지요. 도깨비는 심술궂고 장난기가 많아서 멀쩡한 사람들도 도깨비를 만나면 무서워 벌벌 떨거나 놀래서 도망치기 일쑤지요. 그런데도 이런 도깨비를 양반이라고 말하는 애꾸 양반의 품이 참으로 넓디넓습니다. 이런 양반에게는 도깨비라도 좋은 일을 하련만, 가령 자기가 쓰던 방망이 하나 준다면 얼마나 좋겠습니까? 금 나와라, 똑딱! 눈 번쩍 떠져라, 똑딱! 하게 말이지요. 안 그러냐? 이 낮도깨비 같은 놈아, 다목이 이놈아!

간경화꽃

이재무

농약에 과로에 찌든 가슴은
간경화꽃의 비료입니다
설움에 원한에 멍든 가슴은
간경화꽃의 거름입니다
증각골 가득 간경화꽃이 피었습니다
남녀노소 가리지 않고
지치고 힘부친 가슴은
무엇이든 투정 없이 먹어댑니다
지금, 증각골 가득
섬뜩한 간경화꽃이 피었습니다

● ●

지금 들판에 초록빛 벼가 한창 자라고 있습니다. 그런 빛깔을 만들어내는 자연과 농부들의 힘이 경이롭기만 합니다. 그런데 아무래도 이건 너무합니다. 아무래도 이건 대답이 못 됩니다. 그들의 쌀, 그들의 소에 대해 이런 대접은 부당합니다. 그들의 가슴에 이런 병을 주는 것은 인사가 아닙니다. 먹을 것을 주고서 병을 얻는 것은 보상이 아닙니다. 농업은 산재보험도 없다지요. 아프지 않아야 일을 하는데 일을 하면 할수록 아프다니요. 사람은 신간(腎肝)이 편해야 한다는데……, 그런 날은 언제나 오나요.

밥 푸는 여자

이면우

여자 외팔이 이사 오자 동네 사람들
어떻게 팔 하나로 밥 푸고 신랑 보듬냐고 킥킥댔다.

그 집 부엌 낮은 쪽창에 까만 눈동자들 달라붙었다
그 여자, 반질반질한 부뚜막에 주발 두 개 놓고
맑은 물 한그릇 곁에 놓고 솥뚜껑 열어 뿌연 김
속에서
언제 움켜쥔지도 모를 주걱으로 척척 밥 퍼 담았다
신랑 주발은 손바닥에 번개같이 물 적셔
초가지붕으로 올려부쳤다.

작은 소반에 반찬종지 밥주발 올려놓으면
샘터 쪽 쪽문 열고 말없이 들어선 얼굴 흰 남자
가볍게 들어올려 방으로 갔다 외팔이 여자
부엌등 탁 끄고 따라 들어갔다.

● ● ●

세상에는 쓸데없는 걱정이 많기도 합니다. 앉은뱅이가 어떻게 세상을 돌아다닐까. 휠체어를 타면 되지. 양손이 없는 사람이 어떻게 그림을 그릴 수 있을까. 발가락에 붓을 끼고 그리면 되지. 팔이 없는 사람이 어떻게 밥상을 들 수 있을까. 그것은 처음부터 그 사람의 몫이 아니지요. 당연히 다른 사람이 해야 할 일을 걱정하고 있네요. 그러고 보니 쓸데없는 걱정은 대개 남을 위한 걱정이 아닌 경우가 많습니다. 뭐라고요? 장애인이 어떻게 사랑을 하느냐고요? 아, 그건 정말 쉽지 않겠네요. 장애 때문이 아니라 당신 때문에.

발

임성용

그는 장화를 벗으려고 했다
비명소리보다 먼저 복숭아뼈가 신음을 토하고
으드득, 무릎뼈가 튀어올랐다
부러진 홍두깨처럼 아무런 감각도 없는 발을
어떻게든 장화에서 꺼내려고
그는 안간힘을 썼다
하늘에서 벼락이 치듯 고함을 질렀다
그러나, 발은 꿈쩍도 않고 대못처럼 박혀버렸다
숨을 아주 깊이 들이마시고
핏발 선 눈을 천천히 감고
털썩, 엎드려 가늘게 떨다가
그는 비로소 죽은 듯이 투항했다
그러자 너덜너덜 허벅지만 남기고
저 혼자서 롤러 밑으로 걸어가는 발
끝까지 그의 장화를 신고 가는 발!

• •

그래도 세상이 아름다운 것은 이 땅에 자신의 땀을 보태는 사람들이 있기 때문일 것입니다. 세상을 아름답게 만들면서 스스로 아름다워지는 사람들이 있기 때문일 것입니다. 이 사람들로부터 사랑을 배운다면 어떨까요. 세상을 아름답게 만들면서 조금씩 망가져가는 사람들로부터 삶의 형식을 배운다면 어떨까요. 아름다움으로부터 아픔을 배운다면 어떨까요. 고통으로부터 아름다움을 배운다면 어떨까요. 잠깐이 아니고 끈질기게. 기계 속으로 발이 끌려 들어가서도 벗겨지지 않는 장화처럼 말이지요.

女子여자 6

권혁소

실업자인 남편과
더이상 애를 갖지 못하는 아내와
절름발이인 아이가
싸움을 한다
싸움은
아내의 밀린 집세 때문에 비롯되지만
사내아이를 원하는 남편이나
휠체어를 타고 싶은 딸아이도
할 말은 있다
얼마든지 있다

∴

완급을 가려 일을 처리한다는 말이 있습니다. 우선 이것이 화급하니 다른 것은 미뤄두자는 것입니다. 그러나 덜 급하다고 해서 할 말이 없는 것이 아닙니다. 돈을 못 번다고 해도, 애를 못 낳는다고 해도, 절름발이라고 해도 얼마든지 할 말은 있는 것입니다. 그래서 싸우게 되는 것입니다. 그렇다고 싸워서 꼭 누가 이기겠다는 것은 아닙니다. 누가 이기는 것도 지는 것도 아닌 이 가족의 한 판 대결. 정말 이런 대책 없는 싸움 앞에서는 시인도 할 말이 없습니다. 왜 고난은 항상 겹으로 밀려오는지……, 도무지 할 말이 없습니다.

산그늘

하종오

노인은 항문이 느슨해져서 호미 든 채로
급한 김에 바지 내리고 두렁에 앉았다
산그늘이 발등에 내려와 있었다
푹 꺼진 사타구니 사이에서 오줌발 졸졸
몇 방울만 풀에 맺히고 나머지는 흙으로 스며들고
똥은 곧장 밭으로 가 썩을 태세로 똬리 틀었다
이제 산그늘이 엉덩이까지 덮고 있었다
노인은 잔변과 잔뇨 비워내려고 한참 시루다가
들깻잎 몇 장 따 밑을 닦고 바지 올리고는
호미로 흙 긁어 똥에다 살살 뿌려두고 산그늘
속에 서 있었다
벌써 산그늘이 풀 못다 맨 밭고랑도 지나 있었다
"산그늘 깊어지면 살아가는 것들 쉬려고 하지.
사람그늘 아무리 깊어도 함부로 들려고 안 하지.
세 그릇 먹고 한 무더기 싸면 다 저물지."
두렁에 누운 소보다 두렁에 든 소가 되고 싶었던
노인
젊었던 날 꼴 먹이려고 두렁에 세워두면 철퍼덕
철퍼덕 쇠똥 싸던 늙은 소

이제 그 늙어 도살장에서 죽은 소의 넋이 자신에게 씌었다고
　노인은 산그늘을 길마처럼 지고 그곳에서 떠났다

• •

아이들은 물론이고 젊은이들도 몸이 조금이라도 아프면 난리가 아니지요. 아주 금방 죽는 시늉을 하기 일쑤지요. 아마도 죽음이 뭔지 모르기 때문일 테지요. 그래서 죽음이 두렵기만 하기 때문일 테지요. 그래서 아픈 몸을 받아들이지 못하는 것일 테지요. 사대삭신 육천 마디 힘줄이 모두 느슨해져서 아프지 않은 곳이 없고 바지에 오줌을 지리고 똥을 지리는 늘그막에 서면 생로병사 그 이치를 다 알아서일까요, 하여간에 노인이 지어내는 여름 산그늘이 깊고 푸르고 서늘하기만 합니다.

삭풍

고재종

저 할머니 솔껍질 같은 손
그 갈라터진
싸매지도 않은 틈새기로
새빨간 속살이
혀를 내미는 틈새기로
소금물이 저며들 때마다
저 할머니 생고문 같은 진저리
진저리를 치면서도
그걸 다 누굴 주려고
서울 간 자식들 그예 주려고
백여 포기 배추를 죄 절이는
저 할머니 갈큇발 같은 손
그 시려터진
싸매지도 않은 틈새기로
새빨간 속살이
혀를 내미는 오후.

• •

봄부터 가을까지 흙과 풀과 물과 해와 바람과 싸우면서 알곡을 얻어내느라 소나무 껍질처럼 거칠게 터져서 빨갛게 속살이 내비치는 손으로 배추를 절이는 노모의 짜디짠 간기를 조금은 알 것도 같습니다. 어머니가 절인 배추를 씻을 때면 시-잇 시-잇 하고 소리를 내던 일이 어려서는 신기하기만 했었는데 이제야 그 시-잇 시-잇 소리를 내던 까닭을 알 것도 같습니다. 쌀이며 콩이며 들기름이며 김치와 깍두기까지 바리바리 싸서 보내주는 그 진저리치게 아픈 손매를 다는 아니고 조금은 알 것도 같습니다.

덕평장

김사인

세 개뿐인 손가락이 민망하다
면봉과 일회용밴드 뭉치를 들고 천원이요 외쳐보나
사는 사람 적다
땡볕에 눈이 따갑다

도토리묵 과부 윤씨가 같이 한술 뜨자고 소릴 지른다
묵국수를 말아내는 윤씨의 젖은 손엔
생기가 돈다
떨이옷 김씨가 농협 모퉁이에서
전대를 철럭거리며 쫓아온다
무친 닭발과 소주를 양손에 들었다
장사 참 어지간하네
차양모자 밑으로 땀을 훑으며 연신 엄살이다
잠긴 목에 거푸 몇잔을 부으니 나른해진다

받지 않을 줄 알면서도
번번이 지전 두어 장을 내밀어본다

윤씨의 환한 팔뚝이며 가슴께를 애써 외면하며
　다시 거두는 몽당손이 열쩍다

　내일 장에는 도루코 쎄트나 칫솔을 더 떼어가나 어쩌나
　해는 아직 길고

　한 보따리에 천원
　문득 한번 소리를 돋워본다

• •

시골장터에서 흔히 보아온 풍경입니다. 고무줄 참빗 좀약 손톱깎이 면도날 칫솔 머리핀 때수건 등속을 작은 수레에 싣고 다니며 싸다고 외치는 사람들은 대부분 신체가 불편한 사람들이었습니다. 몽땅 다 팔아도 번듯한 술집이나 식당에서 허리띠를 풀고 배불리 먹고 마실 만큼도 되지 않을 것 같은 낱돈벌이지요. 날은 덥고 장사는 안 되도 옴니암니하며 허름하게라도 끼니를 때워야 하는 시골장터에서는 가난한 사람은 가난한 사람을 만나서 반갑고 아픈 사람은 아픈 사람을 만나서 정겨운 것이 결코 싼거래는 아닌 듯합니다.

상처를 위하여

최종천

박씨의 검지는 프레스가 베어먹어버린
반토막짜리다 그런데 이게 가끔
환하게 켜질 때가 있다
그가 끼던 목장갑을 끼면
내 손가락에서 그의 검지 반토막이
환하게 켜지는 것이다
박씨는 장갑을 낄 때마다
그 반토막의 검지가 가려워서
목장갑 손가락을 손가락에 맞게 접어넣는다
그 접혀들어간 손가락은 때가 묻지 않는다
환하게 켜지는 검지의 반토막이 보고 싶어
나는 그의 목장갑을 끼곤 하는데
그러면 전신에 전류가 흐르는 것이다
상처가 켜놓은 것이 박씨의 검지뿐이랴
과일은 꽃이라는 상처가 켜놓은 것이다
상처가 없는 사람의 얼굴은 꺼져 있다
상처는 영혼을 켜는 발전소다

• •

잘린 손가락이 모자라서 남게 되는 목장갑의 힘없이 쭈그러진 손가락, 한쪽 다리가 없는 사람의 접어올린 바짓단, 한쪽 팔이 없어서 펄럭거리는 옷소매, 신지 못하는 한쪽 구두…… 그런 것들을 끼어보고 입어보고 신어보고 싶습니다. 온기를 받아보지 못한 그것들의 서늘한 기운에 잠시나마 감싸여서 뜨거워져보고 싶습니다. 상처가 환하게 켜지는 것은 그 순간일 것입니다. 상처는 혼자서 빛을 내는 전구가 아니라 어둠 속에서 환하게 켜지기 위해 누군가를 기다리는 검은 스위치인가 합니다.

검은 물

이병률

칼갈이 부부가 나타났다
남자가 한번, 여자가 한번 칼 갈라고 외치는 소리는
두어 번쯤 간절히 기다렸던 소리
칼갈이 부부를 불러 애써 갈 일도 없는 칼 하나를 내미는데
사내가 앞을 보지 못한다는 사실을 알게 된다

두 사람이 들어서기엔 좁은 욕실 바닥에 나란히 앉아
칼을 갈다 멈추는 남편 손께로 물을 끼얹어주며
행여 손이라도 베일세라 시선을 떼지 않는 여인

서걱서걱 칼 가는 소리가 커피를 끓인다
칼을 갈고 나오는 부부에게 망설이던 커피를 권하자 아내가 하는 소리
이 사람은 검은 물이라고 안 먹어요
그 소리에 커피를 물리고 꿀물을 내놓으니
이 사람은 검은 색밖에 몰라 그런다며,

태어나 한번도 다른 색깔을 본 적 없어 지긋지긋해한다며 남편 손에 꿀물을 쥐어준다
　한번도 검다고 생각한 적 없는 그것은 검었다
　그들이 돌아가고 사내의 어둠이 갈아놓은 칼에 눈을 맞추다가 눈을 베인다
　집 안 가득 떠다니는 지옥들마저 베어갈 것만 같다
　불을 켜지 않았다
　칼갈이 부부가 집에 다녀갔다

◦ ◦

한 번도 다른 색깔을 본 적이 없는 사람에게는 모든 것이 검습니다. 그는 그래서 우리가 한 번도 검다는 생각을 하지 않고 무심히 마시던 검은 색을 내는 커피가 싫습니다. 커피가 검다는 것을 아는 그는 아마도 입술이나 혀끝으로 색깔을 보는지도 모릅니다. 그가 눈을 감고도 예리하게 칼날을 세우듯이 말이지요. 그는 자신이 잘 들게 간 칼로 무엇을 베고 싶을까요. 자신에게 모든 것을 검은 색으로 만드는 어둠일까요. 아니면 검은 색깔의 커피를 검다고 생각해보지 않은 우리들의 무명일까요.

外界외계

김경주

양팔이 없이 태어난 그는 바람만 그리는 畵家화가였다
입에 붓을 물고 아무도 모르는 바람들을
그는 종이에 그려 넣었다
사람들은 그가 그린 그림의 형체를 알아볼 수 없었다
그러나 그의 붓은 아이의 부드러운 숨소리를 내며
아주 먼 곳까지 흘러갔다 오곤 했다
그림이 되지 않으면
절벽으로 기어올라가 그는 몇 달씩 입을 벌렸다
누구도 발견하지 못한 色색 하나를 찾기 위해
눈 속 깊은 곳으로 어두운 화산을 내려 보내곤 하였다
그는, 자궁 안에 두고 온
자신의 두 손을 그리고 있었던 것이다

● ●

바람을 그린다는 것은 보이지 않는 것을 그리는 것입니다. 보이지 않는 것을 그린 그림은 당연히 알아볼 수가 없겠지요. 따라서 보이지 않는 것을 그린다는 것은 어떤 다른 보이는 것에 의지하지 않으면 안 되겠지요. 그런데 두 팔이 없이 외계에 던져진 화가는 무엇에 의지하여 바람을 그리는 것일까요. 어머니의 자궁 안에 두고 온 손에 의지하는 것일까요. 없는 것에, 곧 결핍에 의지하여 그림을 있게 하는 것일까요. 아이의 숨소리처럼 부드럽게 아주 먼 곳까지 갔다 돌아오는, 누구도 발견하지 못한 색을 가진 그 바람의 그림을 말입니다.

손 무덤

박노해

올 어린이날만은
안사람과 아들놈 손목 잡고
어린이 대공원에라도 가야겠다며
은하수를 빨며 웃던 정형의
손목이 날아갔다

작업복을 입었다고
사장님 그라나다 승용차도
공장장님 로얄살롱도
부장님 스텔라도 태워 주지 않아
한참 피를 흘린 후에
타이탄 짐칸에 앉아 병원을 갔다

기계 사이에 끼어 아직 팔딱거리는 손을
기름먹은 장갑 속에서 꺼내어
36년 한많은 노동자의 손을 보며 말을 잊는다
비닐봉지에 싼 손을 품에 넣고
봉천동 산동네 정형 집을 찾아
서글한 눈매의 그의 아내와 초롱한 아들놈을 보며

참 손만은 꺼내 주질 못하였다

훤한 대낮에 산동네 구멍가게 주저앉아 쇠주병을 비우고
정형이 부탁한 산재관계 책을 찾아
종로의 크다는 책방을 둘러봐도
엠병할, 산데미 같은 책들 중에
노동자가 읽을 책은 두 눈 까뒤집어도 없고

화창한 봄날 오후의 종로거리엔
세련된 남녀들이 화사한 봄빛으로 흘러가고
영화에서 본 미국상가처럼
외국상표 찍힌 왼갖 좋은 것들이 휘황하여
작업화를 신은 내가
마치 탈출한 죄수처럼 쫄드만

고층 사우나빌딩 앞엔 자가용이 즐비하고
고급 요정 살롱 앞에도 승용차가 가득하고
거대한 백화점이 넘쳐흐르고

프로야구장엔 함성이 일고
　노동자들이 칼처럼 곤두세워 좆빠져라 일할 시간에
　느긋하게 즐기는 년놈들이 왜 이리 많은지
　원하는 것은 무엇이든 얻을 수 있고
　바라는 것은 무엇이든 이룰 수 있는—
　선진조국의 종로거리를
　나는 ET가 되어
　얼나간 미친놈처럼 해매이다
　일당 4,800원짜리 노동자로 돌아와
　연장노동 도장을 찍는다

　내 품속의 정형 손은
　싸늘히 식어 푸르뎅뎅하고
　우리는 손을 소주에 씻어 들고
　양지바른 공장 담벼락 밑에 묻는다
　노동자의 피땀 위에서
　번영의 조국을 향략하는 누런 착취의 손들을
　일 안하고 놀고먹는 하얀 손들을

묻는다
프레스로 싹둑싸둑 짓짤라
원한의 눈물로 묻는다
일하는 손들이
기쁨의 손짓으로 살아날 때까지
묻고 또 묻는다

● ●

스무 살 때 공장에서 사출기 금형 속에 손을 넣고 기계를 작동시킨 바람에 손을 다친 적이 있었습니다. 장갑을 벗자 다행히 잘리지는 않았지만 붉게 물든 손가락들이 제멋대로 비틀어져 있었습니다. 정말 죽을 것 같이 아픈데 사장님 자가용은 탈수가 없어서 생산주임과 함께 20분을 걸어서 병원에 갔던 일이 있습니다. 생산주임도 손가락이 세 개가 짤리고서 보상금으로 전세방을 마련한 사람이었습니다. 상처는 차츰 아물었지만 지금도 움직이지 않는 손가락이 있습니다. 공장엔 그런 아픈 손들이 많았습니다.

풀의 기술

조기조

어머니가 일흔다섯을 기념하여
목뼈에 나사못을 박고 무릎을 인공관절로 바꾸고
안식에 들어갔다 기나긴
노동으로부터 해방되었다

어머니가 다스린 땅은 매년 수만 평이 넘었지만
어머니의 소유는 집터 포함 삼백 평이었다
이제 어머니의 안식과 함께
그 땅도 휴식중이다

휴식중의 땅은 곡식 대신 풀을 기른다
어머니는 안식으로 풀을 기른다
풀을 기르며 풀에 대하여
이런 이야기 하나를 들려준다

풀처럼 살아라
내가 이기지 못한 것은 저 풀밖에 없다.

• •

1년이라는 짧은 시간이었지만 시를 통해서 아픈 몸을 가지고 사는 삶들을 생각해보는 시간을 가졌습니다. 아픈 몸은 그것 자체로 고통이지만 곧잘 가난과 소외와 냉대를 받는 삶으로 이어지기 십상입니다. 그래서 이 시간은 우리가 의식하지 못하는 가운데 그들의 아픈 삶을 더욱 힘들게 하지는 않았는지 되돌아보는 시간이기도 했습니다. 더불어 그들의 아픈 몸을 이끌고 살아가는 삶에 바치는 작은 위문의 꽃다발이기를 기대했습니다. 아픈 몸속에서도 아름답게 빛나는 영혼을 빚는 사람들을 그려보며 졸시를 끝으로 연재를 마칩니다.

• 수록 시인 약력과 작품 출전

고 은 1933~. 전북 군산 출생. 시집『피안감성』,『문의마을에 가서』,『새벽길』,『전원시편』,『백두산』,**『만인보』**,『순간의 꽃』,『부끄러움 가득』 등 다수가 있음.

고재종 1957~. 전남 담양 출생. 시집『바람부는 솔숲에 사랑은 머물고』,『날랜 사랑』,**『그때 휘파람새가 울었다』**,『쪽빛 문장』 등이 있음.

고형렬 1954~. 전남 해남 출생. 시집『대청봉 수박밭』,『사진리 대설』,『성에꽃 눈부처』,**『김포 운호가든집에서』**,『밤 미시령』 등이 있음.

권혁소 1962~. 강원도 평창 출생. 시집**『論介가 살아온다면』**,『반성문』,『다리 위에서 개천을 내려다보다』,『과업』 등이 있음.

김경주 1976~. 전남 광주 출생. 시집**『나는 이 세상에 없는 계절이다』**,『기담』 등이 있음.

김기택 1957~. 경기도 안양 출생. 시집『태아의 잠』,『바늘구멍 속의 폭풍』,**『사무원』**,『소』,『껌』 등이 있음.

김사인 1955~. 충북 보은 출생. 시집『밤에 쓰는 편지』,**『가만히 좋아하는』** 등이 있음.

김종삼 1921~1984. 황해도 은율 출생. 시집『십이음계』,『시인학교』,『북치는 소년』,『큰소리로 살아 있다 외쳐라』 등이 있고 **『김종삼전집』**이 간행됨.

김지하 1941~. 전남 목포 출생. 시집 『황토』, 『타는 목마름으로』, 『별밭을 우러르며』, 『이 가문 날의 비구름』, 『중심의 괴로움』, **『화개』** 등이 있음.

김해화 1957~. 전남 승주 출생. 시집 『인부수첩』, 『우리들의 사랑가』, **『누워서 부르는 사랑노래』** 등이 있음.

나희덕 1966~. 충남 논산 출생. 시집 『뿌리에게』, 『그 말이 잎을 물들였다』, **『그곳이 멀지 않다』**, 『어두워진다는 것』, 『사라진 손바닥』 등이 있음.

도종환 1954~. 충북 청주 출생. 시집 『접시꽃 당신』, **『내가 사랑하는 당신은』**, 『당신은 누구십니까』, 『부드러운 직선』, 『슬픔의 뿌리』, 『해인으로 가는 길』 등이 있음.

문인수 1945~. 경북 성주 출생. 시집 『늪이 늪에 젖듯이』, 『세상 모든 길은 집으로 간다』, 『뿔』, 『홰치는 산』, 『동강의 높은 새』, 『쉬!』, **『배꼽』** 등이 있음.

문태준 1970~. 경북 김천 출생. 시집 『수런거리는 뒤란』, 『맨발』, 『가재미』, **『그늘의 발달』** 등이 있음.

박노해 1957~. 전남 함평 출생. 시집 **『노동의 새벽』**, 『참된 시작』, 『겨울이 꽃핀다』 등이 있음.

박진성 1978~. 충남 연기 출생. 시집 **『목숨』**, 『아라리』 등이 있음.

백 석 1912~1995. 평북 정주에서 출생. 시집 『사슴』이 있으며, **『백석전집』**이 간행됨.

서정주 1915~2000. 전북 고창 출생. 시집 『화사집』, 『귀촉도』, 『신라초』, 『동천』, 『질마재 신화』 등 다수가 있고 **『미당 서정주 전집』**이 간행됨.

신경림 1935~. 충북 충주 출생. 시집 『농무』, 『새재』, 『달넘세』, 『가난한 사랑노래』, 『남한강』, 『길』, 『쓰러진 자의 꿈』, 『어머니와 할머니의 실루엣』, **『뿔』**, 『낙타』 등 다수가 있음.

오장환 1918~1951. 충북 보은 출생. 시집으로 『성벽』, 『헌사』, 『나 사는 곳』, 『병든 서울』이 있으며, **『오장환전집』**이 간행됨.

유승도 1960~. 충남 서천 출생. 시집 **『작은 침묵들을 위하여』**, 『차가운 웃음』 등이 있음.

유홍준 1962~. 경남 산청 출생. 시집 『상가에 모인 구두들』, **『나는, 웃는다』** 등이 있음.

윤동주 1917~1945. 만주 북간도 출생. 시집 『하늘과 바람과 별과 시』가 있고 **『윤동주전집』**이 간행됨.

윤재철 1953~. 충남 논산 출생. 시집으로는 『아메리카 들소』, 『그래 우리가 다시 만난다면』, **『생은 아름다울지라도』**, 『세상에 새로 온 꽃』, 『능소화』 등이 있음.

이면우 1951~. 대전 출생. 시집 『저 석양』, **『아무도 울지 않는 밤은 없다』**, 『그 저녁은 두 번 오지 않는다』 등이 있음.

이병률 1967~. 충북 제천 출생. 시집 『당신은 어딘가로 가려 한다』, **『바람의 사생활』** 등이 있음.

이상국 1946~. 강원도 양양 출생. 시집 『동해별곡』, 『내일로 가는 소』, 『우리는 읍으로 간다』, 『집은 아직 따뜻하다』, **『어느**

농사꾼의 별에서』 등이 있음.

이상호 1950~. 부산 출생. 시집 『아름다운 생명』, 『안개 저편에 길이 있을 것이다』, 『뉴욕 드라큘라』, **『당신은 아름다운 사람입니다』** 등이 있음.

이성복 1952~. 경북 상주 출생. 시집 『뒹구는 돌은 언제 잠깨는가』, 『남해 금산』, **『호랑가시나무의 기억』**, 『아, 입이 없는 것들』, 『달의 이마에는 물결무늬 자국』 등이 있음.

이승하 1960~. 경북 의성 출생. 시집 **『사랑의 탐구』**, 『우리들의 유토피아』, 『욥의 슬픔을 아시나요』, 『폭력과 광기의 나날』, 『박수를 찾아서』, 『취하면 다 광대가 되는 법이지』 등이 있음.

이시영 1941~. 전남 구례 출생. 시집 『만월』, 『바람 속으로』, 『길은 멀다 친구여』, 『이슬 맺힌 노래』, 『무늬』, **『사이』**, 『바다호수』, 『우리의 죽은 자들을 위해』 등이 있음.

이용악 1914~1971. 함북 경성 출생. 시집 『분수령』, 『낡은 집』, 『오랑캐꽃』, 『이용악집』 등이 있으며, **『이용악 시전집』**이 간행됨.

이재무 1958~. 충남 부여 출생. 시집 『섣달 그믐』, **『온다던 사람 오지 않고』**, 『벌초』, 『몸에 피는 꽃』, 『시간의 그물』, 『위대한 식사』, 『푸른 고집』, 『저녁 6시』 등이 있음.

이정록 1964~. 충남 홍성 출생. 시집 『벌레의 집은 아늑하다』, 『풋사과 주름살』, 『버드나무 껍질에 세들고 싶다』, **『제비꽃 여인숙』**, 『의자』 등이 있음.

임성용 1965~. 전남 보성 출생. 시집 **『하늘공장』**이 있음.

장철문 1966~. 전북 장수 출생. 시집『바람의 서쪽』,**『산벚나무의 저녁』**,『무릎 위의 자작나무』 등이 있음.

정세기 1961~2006. 전남 광양 출생. 시집『어린 민중』,『그곳을 노래하지 못하리』,**『겨울 산은 푸른 상처를 지니고 산다』** 등이 있음.

정진규 1939~. 경기 안성 출생. 시집『마른 수수깡의 평화』,『들판의 비인 집이로다』,『매달려 있음의 세상』,『연필로 쓰기』,『뼈에 대하여』,『몸詩』,『本色』,『껍질』 등이 있음.

정호승 1950~. 경남 하동 출생. 시집『슬픔이 기쁨에게』,**『서울의 예수』**,『새벽편지』,『별들은 따뜻하다』,『사랑하다가 죽어버려라』,『이 짧은 시간 동안』,『포옹』 등이 있음.

정희성 1945~. 경남 창원 출생. 시집**『답청』**,『저문 강에 삽을 씻고』,『한 그리움이 다른 그리움에게』,『詩를 찾아서』,『돌아보면 문득』 등이 있음.

조용미 1962~. 경북 고령 출생. 시집『불안은 영혼을 잠식한다』,**『일만 마리 물고기가 산을 날아오르다』**,『삼베옷을 입은 자화상』,『나의 별서에 핀 앵두나무는』 등이 있음.

차창룡 1955~. 충북 보은 출생. 시집**『해가 지지 않는 쟁기질』**,『나무 물고기』,『미리 이별을 노래하다』,『고시원은 괜찮아요』 등이 있음.

천상병 1930~1993. 일본 효고현 출생. 시집『새』,『주막에서』,『천상병은 천상 시인이다』,『귀천』,『요놈 요놈 요 이쁜놈』 등이 있고 **『천상병 전집』**이 간행됨.

최두석 1955~. 전남 담양 출생. 시집**『대꽃』**,『임진강』,『성에

꽃』, 『사람들 사이에 꽃이 필 때』, 『꽃에게 길을 묻는다』 등이 있음.

최종천 1954~. 전남 장성 출생. 시집 『눈물은 푸르다』, 『**나의 밥그릇이 빛난다**』 등이 있음.

하종오 1954~. 경북 의성 출생. 시집 『벼는 벼끼리 피는 피끼리』, 『사월에서 오월로』, 『정』, 『사물의 운명』, 『님』, 『**반대쪽 천국**』, 『지옥처럼 낯선』, 『아시아계 한국인들』 등이 있음.

한하운 1920~1975. 함남 함주 출생. 시집 『한하운 시초』, 『보리피리』 등이 있고 『**한하운 시전집**』이 간행됨.

함민복 1962~. 충북 청주 출생. 시집 『**모든 경계에는 꽃이 핀다**』, 『우울씨의 1일』, 『자본주의의 약속』, 『말랑말랑한 힘』 등이 있음.

허수경 1964~. 경남 진주 출생. 시집 『**슬픔만한 거름이 어디 있으랴**』, 『혼자 가는 먼 집』, 『내 영혼은 오래되었으나』, 『청동의 시간 감자의 시간』 등이 있음.

-<진한 글자는 수록 작품 출전>

• 엮은이 소개

조 기 조 _趙起兆 1965년 충남 서천에서 태어났다. 1989년 『생활과문학』, 『삶글』, 『노동해방문학』 등에 시를 발표하며 작품활동을 시작했으며, 1994년 제1회 <실천문학 신인상>을 받으며 문단에 등장했다. 저서로는 시집 『낡은 기계』, 『기름美人』, 편저서로는 『한국대표노동시집』 등이 있다. 오랫동안 공장에서 기계 만드는 일을 해오다 현재는 인문학 전문 출판사 <도서출판 b> 대표로서 책 만드는 일을 하고 있다. *kijojo@hanmail.net*

ⓒ 조기조, 2009

나에게 문병 가다

초판 1쇄 발행 2009년 4월 20일

엮은이 조기조
펴낸이 조기조
펴낸곳 도서출판 b

등록 2003년 2월 24일 제12-348호
주소 151-899 서울시 관악구 미성동 1567-1 남진빌딩 401호
전화 02-6293-7070(대) 팩시밀리 02-6293-8080
홈페이지 b-book.co.kr 이메일 bbooks@naver.com

ISBN 978-89-91706-17-0   03810

정가_9,000원

* 잘못된 책은 교환해 드립니다.